Fiestas del mundo

Celebremos la Navidad

Deborah Heiligman
Reverendo Nathan Humphrey, asesor

NATIONAL GEOGRAPHIC
WASHINGTON, D.C.

Eric Bleakney le lee un cuento navideño a sus hijos
en su casa de Keystone, Colorado.

villancicos

∧ *Un regalo de Navidad*

El 25 de diciembre, los cristianos de todo el mundo celebramos la Navidad. La celebramos con villancicos, regalos, oraciones y deseos de paz.

regalos

Conmemoramos el nacimiento de Jesucristo, el Hijo de Dios. Celebramos la llegada de su luz.

También veneramos la luz del sol entre la oscuridad del frío invierno. Celebramos la calidez de la familia y los amigos.

∧ *Una paloma, símbolo de la paz*

paz

Mucho, mucho tiempo antes de que naciera Jesucristo, la gente celebraba el solsticio de invierno, el día más corto del año, que sucedía hacia el 21 de diciembre. Entonces se encedían hogueras y velas para pedir el regreso del sol, y nosotros seguimos encendiendo velas en esa misma época del año.

Más tarde, las autoridades de la iglesia cristiana quisieron celebrar el nacimiento de Jesucristo, pero al no estar seguros de la fecha en que se había producido, consideraron una buena idea celebrarlo cerca del solsticio de invierno. Por eso eligieron el 25 de diciembre. Seguimos sin conocer la fecha del nacimiento de Jesús, pero sí sabemos lo que pasó. Está recogido en la Biblia, nuestro libro sagrado, y lo conmemoramos cada Navidad.

En un poblado anasazi en un acantilado del Parque Nacional de Mesa Verde, Colorado, se encienden luminarias —bolsas de papel con una vela dentro—para celebrar la Navidad.

Encedemos velas.

Nos anuncian que ha nacido Jesús.

Niños del pueblo de Belén, en Cisjordania, representan el nacimiento de Jesús en la Iglesia de la Natividad. Muchos cristianos creemos que esta iglesia está construida en el lugar en que nació Jesús.

Conmemoramos que, hace unos 2,000 años, una mujer llamada María esperaba un bebé. Un ángel le anunció que su niño sería el Hijo de Dios. María y su esposo, José, viajaron al pueblo de Belén y fue allí donde nació Jesús.

Conmemoramos que, cuando nació Jesús, un grupo de ángeles apareció en el cielo anunciando "Paz en la Tierra." Los ángeles les dijeron a los pastores de las cercanías que el recién nacido se encontraba en el establo de una posada de Belén y éstos se apresuraron a visitarlo.

También conmemoramos la historia de los Reyes Magos, conocidos a veces como los tres reyes. Una estrella apareció en el cielo nocturno y los guió hasta Jesús. Como regalos le llevaron oro, incienso y mirra.

El nacimiento de Jesús hace de la Navidad un tiempo de alegría y felicidad. La celebramos de muchas maneras y con tradiciones de muchos lugares distintos.

∧ *Corona de Adviento*

Algunos nos preparamos para la Navidad observando el periodo del Adviento, que significa venida. Hay quien lleva un calendario de Adviento y quien enciende una vela en una corona de Adviento cada uno de los cuatro domingos anteriores al día de Navidad.

Pensamos

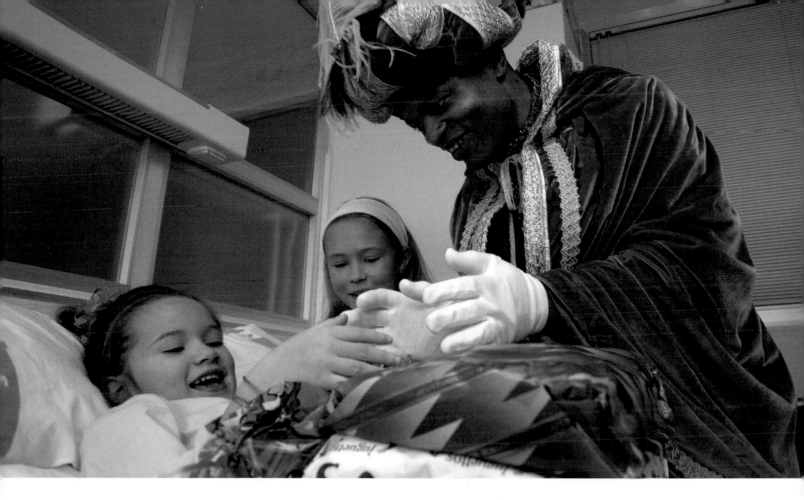

en los demás.

∧ *El 6 de enero, en España, un hombre disfrazado de rey mago entrega regalos a una niña en un hospital. En España y en otros países, muchos niños reciben sus regalos de Navidad en el Día de Reyes.*

< *En Budapest, Hungría, unos voluntarios envuelven juguetes donados como regalos. Los juguetes se reparten entre niños de familias necesitadas.*

La temporada de Navidad también es una época en la que pensamos en los demás. Donamos alimentos y regalos para ayudar a las familias que no tienen suficiente dinero. Nos ofrecemos como voluntarios en comedores de caridad y visitamos a los pacientes de los asilos y los hospitales.

¿Qué vas a regalar?

Gente de compras en un mercado navideño de Innsbruck, Austria.

∧ *A pesar de que los cristianos son una minoría en India, la Navidad se celebra por todo el país. Aquí vemos a una muchacha musulmana de Bangalore vendiendo árboles de Navidad en miniatura.*

También nos preparamos

para la Navidad de otras maneras. Hacemos listas con los regalos que nos gustaría recibir y pensamos en lo que haremos o compraremos para regalárselo a nuestros parientes y amigos. ¿Qué te gustaría recibir este año? ¿Qué vas a regalar?

∧ *Galletas de jengibre*

Decoramos nuestras casas.

Colgamos coronas, guirnaldas y muérdagos. También disfrutamos de las plantas de nochebuena. Incluso montamos nuestro propio nacimiento o belén. Decoramos el exterior de nuestras casas con lindas luces de Navidad.

∨ *Berhard Nermerich coloca otro cable de luces en el jardín de su casa en Kelsterbach, Alemania, con las que alcanzará un total de 8,800 luces de Navidad. Su mujer y él tardaron 11 semanas en armar las decoraciones.*

Decoramos.

∧ En Toronto, Canadá, Georgia
Stewart y sus hijos Brandon,
Cheyenne y Charlize instalan por
primera vez las decoraciones
navideñas en su nueva casa.

Expresamos nuestros buenos
deseos diciendo "Feliz Navidad"
o "Felices Fiestas." Enviamos
felicitaciones navideñas a nuestros
parientes y amigos en las que les
deseamos "un próspero año
nuevo," y también horneamos
galletas que regalamos a nuestros
amigos y parientes.

Preparamos un precioso árbol.

< El Rockefeller Center de Nueva York resplandece por Navidad.

> Amelia Naegele cuelga un adorno en su árbol de Navidad en Alexandria, Virginia.

Antes de Navidad, compramos

el árbol. La tradición del árbol de Navidad es muy, muy antigua. Usamos un árbol de hoja perenne, como una picea, un abeto o un pino, porque son árboles que permanecen verdes todo el año: el árbol de Navidad es un símbolo de vida eterna.

Armamos el árbol, lo decoramos con adornos nuevos y viejos, hechos en casa o comprados: bolas de cristal, cáscaras de huevo pintadas, abanicos japoneses o tintineantes campanillas. Lo cubrimos de cadenas de palomitas de maíz, de guirnaldas y de cadenas de luces. Y en la punta, arriba de todo, colocamos un ángel o una estrella.

Durante los días y noches anteriores a la Navidad, escuchamos música navideña y también la hacemos. Tocamos instrumentos y cantamos villancicos. Cantamos "Noche de paz," "Navidad, Navidad, blanca Navidad," "Ya vienen los reyes" o "Los peces en el río." Cantamos en la iglesia, cantamos con los amigos, cantamos para nuestros vecinos. ¡Cantamos con alegría!

Hacemos música.

< En un vagón del metro de Seúl,
Corea del Sur, unos músicos tocan y
cantan villancicos.

∨ Buddy Hansen y su padre tocan
cada año en el concierto navideño
de tuba de Anaheim, California.

< Grace Ivey, Lyndsi Weems
e Isaiah Marcotte cantan
un villancico durante la
celebración de la Misa de
Gallo en la Catedral del
Sagrado Corazón de
Salina, Kansas.

La Nochebuena es un momento mágico.

La Nochebuena se celebra la

noche del 24 de diciembre. Se trata de un momento mágico. Algunos celebramos la Nochebuena con una cena especial; otros esperamos hasta ese momento para decorar el árbol y cantar villancicos y otros colgamos las medias para recibir los regalos.

Mucha gente va a la iglesia en Nochebuena. Vamos a rezar y a dar gracias a Dios por el nacimiento de Jesús. Algunos vamos a la iglesia para asistir a un servicio a la luz de las velas o a la Misa de Gallo.

Y en todo el mundo, los niños nos vamos a la cama en Nochebuena pensando en Santa Claus, Papá Noel, San Nicolás o Kris Kringle. Acurrucados en nuestras camas escuchamos con atención… ¿Oiremos los cascabeles de los renos?

< *Fieles católicos asisten a la Misa de Gallo en una iglesia de Lalitpur, Nepal.*

¿Qué te trajo Santa Claus?

∧ *Llegada de Santa Claus en una canoa hawaiana a la playa de Waikiki en Honolulú, Hawai.*

Hemos escuchado que Santa Claus viaja desde el Polo Norte a todo el mundo en su trineo volador guiado por renos. En Hawai, se dice que llega en bote. En Australia, Santa llega en esquíes de agua. En Ghana, sale de la jungla.

Pero llegue como llegue, ¡siempre trae regalos! El día de Navidad por la mañana vamos a mirar bajo el árbol… ¿Qué nos habrá traído Santa Claus?

Muchas familias van a la iglesia el día de Navidad. Algunos de nosotros tomamos un desayuno especial y nos dedicamos a preparar los platos para nuestros invitados que llegarán para la comida.

∧ Un perro vestido de Santa Claus se acurruca dentro del saco de su amo en Shangai, China.

< Ellen Sartore, en su casa de Lincoln, Nebraska, rodeada de sus regalos navideños.

¡La comida de Navidad!

> *Un tronco de Navidad*

Celebramos la Navidad

compartiendo una deliciosa comida con nuestra familia o nuestros amigos. Comemos pavo, cerdo asado, ganso, tamales, panetón, buñuelos, galletas de jengibre, pudín de ciruela, tronco de Navidad o turrón. Bebemos rompope, sidra o chocolate caliente. Algunos también comemos arroz con frijoles, tamales, relleno de ostras, empanadillas o ravioli.

< *Niños, padres y abuelos de una familia mexicoamericana preparan tamales para la comida de Navidad en Torrance, California.*

∨ *Los miembros de una familia de Richmond, Virginia, disfrutan de estar juntos durante la comida de Navidad.*

La Navidad, época en que celebramos el nacimiento de Jesucristo, es un tiempo de amor y alegría, de paz y buenos deseos hacia los demás, en el que rezamos para que reine la paz en la Tierra.

Unos habitantes de Mountainside, Nueva Jersey, se reúnen cada año para la iluminación del árbol de Navidad.

Buenos deseos
para todos.

MÁS INFORMACIÓN SOBRE LA NAVIDAD

Contenido

Los datos

QUIÉN LO CELEBRA: Los cristianos. Sin embargo, hay muchas otras personas que celebran los aspectos no religiosos de la Navidad.

QUÉ ES: Es una alegre fiesta en que se celebra el nacimiento de Jesucristo.

CUÁNDO SE CELEBRA: La mayoría lo celebra los días 24 y 25 de diciembre. Hay gente de muchos países que intercambian sus regalos el 6 de enero, día de la Epifanía, que celebra la llegada de los Reyes Magos tras su largo viaje desde Oriente.

CUÁNTO DURA: La Navidad propiamente dicha dura un día. Comienza la noche antes, Nochebuena, y acaba a medianoche del día de Navidad. Algunas personas cumplen con el tiempo del Adviento que comienza un mes antes de Navidad. El periodo navideño abarca desde la Nochebuena, víspera de Navidad (el 24 de diciembre) hasta el 6 de enero, día en que los Reyes Magos ofrecieron sus regalos a Jesús.

CELEBRACIONES: Oraciones, villancicos, representaciones del nacimiento, intercambio de regalos, ayuda a los necesitados.

COMIDA: Turrones, galletas, buñuelos, tronco de Navidad, cena de Nochebuena y comida de Navidad.

Cuadernos de recuerdos

Mi amiga Julie inició con su familia esta tradición.

1. Hagan o compren cuadernos o libretas de unas dos pulgadas por lado. Cada miembro de la familia debe tener su cuaderno. Los cuadernos deben tener suficientes páginas como para poder usarlos durante varios años.

2. Reúnanse todos alrededor del árbol de Navidad y que cada cual ponga su nombre en la cubierta de su cuaderno. Si quieren, también pueden decorarlos.

3. Escriban el año en la primera página del cuaderno.

4. Giren la página y respondan a la siguiente pregunta: *¿Hay algo que hiciste por primera vez desde la última Navidad?*

5. Den vuelta a la página y respondan a la siguiente pregunta: *¿Cuál fue el mejor momento del año para ti?*

6. Den vuelta a la página y completen la siguiente oración: *Para la próxima Navidad, espero _____.*

7. Juntos en familia pueden crear preguntas. Piensen en objetivos y deseos que sean importantes. Por ejemplo, podrían escribir: *Si supiera que no puedo fracasar, _____.* O: *Si pudiera hacer algo para mejorar el mundo, _____.*

8. Una vez que hayan acabado, escriban al principio de la siguiente página la fecha del año próximo. Así ya tendrán el cuaderno preparado para la siguiente Navidad.

9. Cuelguen sus cuadernos del árbol poniéndoles alrededor una cinta con un sujetapapeles en el otro extremo.

El Día de Reyes

El último día del periodo navideño, el 6 de enero, se celebra el Día de Reyes, también llamado la Epifanía, en el que se conmemora la llegada a Belén procedentes de Oriente de los tres Reyes Magos y los regalos que le hicieron a Jesús. El Día de Reyes se celebra de distintas maneras alrededor del mundo.

En Puerto Rico, el 5 de enero, los niños se van temprano a la cama para a la mañana siguiente recoger sus regalos. Antes de irse a dormir, ponen bajo sus camas una caja con heno. Para que los reyes les dejen buenos regalos, les dejan heno para los camellos. En México, España y Argentina, los niños dejan fuera sus zapatos para que los reyes los llenen de regalos. También dejan agua, vino, fruta, leche y galletas para los reyes y sus camellos.

En Francia, México y otros países, en el Día de Reyes se hornea un pastel especial, la "rosca de Reyes." En su interior, el pastelero esconde una moneda, una baratija o un pequeño muñeco. Quien encuentra la sorpresa en su trozo de rosca se convierte en rey por un día. En Nueva Orleáns, Luisiana, que estuvo habitada por franceses, la rosca de Reyes supone un regalo adicional, pues señala el principio de la época del Carnaval, que comienza con el Día de Reyes y acaba en Mardi Gras (el Martes de Carnaval), un día antes del comienzo de la Cuaresma.

En el Día de Reyes, la Iglesia Ortodoxa, además de celebrar la llegada de los Reyes Magos, conmemora también el bautismo de Jesús en el río Jordán y su primer milagro en que transformó el agua en vino. En Tarpon Springs, Florida, el 6 de enero de cada año se celebra una popular ceremonia ortodoxa griega. Un sacerdote bendice las aguas y los barcos, para luego lanzar una cruz a las frías aguas de Spring Bayou. Un grupo de valientes se tira al agua tras ella. Se dice que quien la encuentre quedará bendecido para todo el año.

< *Jack Vasilaros, de dieciséis años, emerge con la cruz durante la celebración de la Epifanía de 2006 en Tarpon Springs, Florida.*

El pastel navideño de los Swallow

Mi amiga Pamela Curtis Swallow me dio esta deliciosa receta. Dice que si se duplican las cantidades basta con hornearla en un molde más grande (13 x 9 pulgadas).

INGREDIENTES PARA EL PASTEL:

1 ½ cucharadas de mantequilla reblandecida

½ taza de azúcar

¼ taza de leche evaporada

¼ taza de agua

1 taza de harina

½ cucharadita de sal

1 cucharadita de bicarbonato

1 taza de arándanos frescos

INGREDIENTES PARA LA SALSA:

¼ libra (1 barrita) de mantequilla

1 taza de azúcar

½ taza de leche evaporada

1 cucharadita de vainilla

TAMBIÉN NECESITARÁS:

Un molde de 8 x 8 pulgadas

Mantequilla y harina para el molde

Una batidora, a ser posible.

Pídele a un adulto que te ayude.

1. Precalienta el horno a 350ºF.

2. Unta el molde con mantequilla y espolvoréalo con harina.

3. En un cuenco grande, mezcla con la batidora 1 ½ cucharadas de mantequilla y ½ taza de azúcar.

4. Mezcla ¼ taza de leche evaporada con ¼ taza de agua en una taza medidora o en un cuenco con boca para verter.

5. Tamiza juntos, en un cuenco pequeño, la harina, la sal y el bicarbonato.

6. Con la batidora, añade a la mezcla de mantequilla y azúcar alternativamente la mezcla de agua y leche y los ingredientes secos tamizados.

7. Con una cuchara, agrega a la masa los arándanos (no uses la batidora). La masa debe quedar delgada.

8. Vierte la masa en el molde previamente preparado.

9. Hornéalo durante 30 minutos a 350ºF.

10. Comprueba la cocción introduciendo un palillo en el centro del pastel. Si todavía se pega la masa, déjala unos minutos más y luego vuelve a probar.

11. Cuando el pastel esté hecho, prepara la salsa poniendo todos los ingredientes a hervir un par de minutos en un cazo al fuego, removiendo la mezcla constantemente. (Hay que evitar que se queme o se recueza.)

12. Corta el pastel en cuadrados y, justo antes de servir, vierte la salsa caliente sobre cada porción.

Dónde hallar información

LIBROS

Los que tienen un asterisco (*) son especialmente buenos para niños.

*Barth, Edna. *Holly, Reindeer, and Colored Lights: The Story of the Christmas Symbols.* Ilustrado por Ursula Arndt. Clarion Books, 2000. Éste es un libro realmente bueno para niños mayores interesados en aprender más acerca de la historia de los símbolos navideños.

*Lankford, Mary D. *Christmas Around the World.* Ilustrado por Karen Dugan. Morrow Junior Books, 1995. Este libro explica la forma en que 12 diferentes países, entre ellos Estados Unidos, celebran la Navidad. También contiene refranes y artesanías navideñas, así como algunos datos históricos.

*Pfeffer, Wendy. *The Shortest Day: Celebrating the Winter Solstice.* Ilustrado por Jesse Reisch. Dutton Children's Books, 2003. Este maravilloso libro proporciona toda la información acerca del solsticio: histórica, científica y social.

Pleck, Elizabeth. *Celebrating the Family: Ethnicity, Consumer Culture, and Family Rituals.* Harvard University Press, 2000. El capítulo 3 de este libro proporciona un magnífico resumen de la historia y la sociología de la Navidad en Estados Unidos.

Santino, Jack. *All Around the Year: Holidays and Celebrations in American Life.* University of Illinois Press, 1994. El capítulo 5 de este libro incluye una discusión fascinante acerca de los orígenes de las costumbres y tradiciones navideñas.

*Winthrop, Elizabeth. *The First Christmas Stocking.* Delacorte, 2006. Un recuento ficticio que explica por qué la gente comenzó a colgar medias en la chimenea y a llenarlas de regalos en Navidad.

SITIOS WEB

Existen muchos sitios web acerca de la Navidad. Éstos son dos de mis favoritos.

http://www.worldofchristmas. net Éste es un sitio web muy detallado acerca de la Navidad. Contiene historia, tradiciones, recetas, etc.

http://www.howstuffworks.com /christmas.htm Este sitio responderá muchas de tus preguntas acerca de la Navidad.

ᐁ En Puri, India, la gente se acerca a contemplar la escultura de arena de un Santa Claus de 100 pies de largo, hecha por el artista Sudarshan Pattnaik.

Glosario

Adviento: Periodo que comienza cuatro domingos antes de Navidad, durante el cual los cristianos se preparan para la celebración del aniversario de la llegada de Jesucristo a la Tierra.

Nacimiento: Representación con figuras en miniatura del nacimiento de Jesús en el establo, con sus padres, los pastores, los Reyes Magos y los animales. También se le llama belén, pesebre o portal.

Incienso: Resina de árbol que, cuando se quema, produce un agradable olor.

Mirra: Otra resina de árbol utilizada para hacer perfumes.

Solsticio: El solsticio de invierno es el día más corto (y la noche más larga) del año. El solsticio de verano es el día más largo (y la noche más corta) del año. En el Hemisferio Norte, el solsticio de invierno se produce entre el 21 y el 22 de diciembre y el de verano, entre el 21 y el 22 de junio. En el Hemisferio Sur, como las estaciones son al revés, el solsticio de invierno es en junio y el de verano, en diciembre.

Dónde se tomaron las fotos

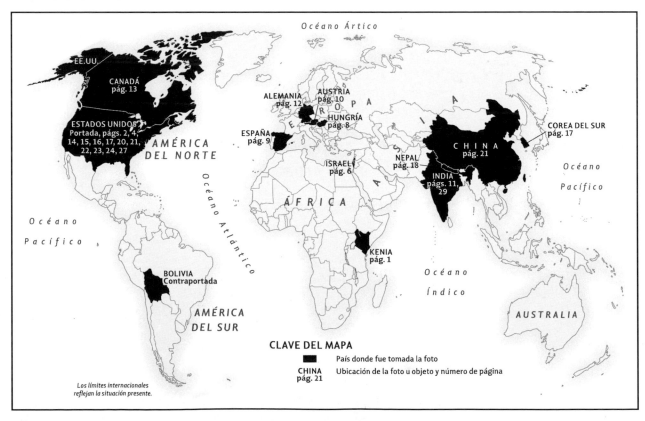

30

Navidad: Celebremos la Buena Nueva

Por el reverendo Nathan Humphrey

Cuando era pequeño, mi madre solía poner una etiqueta, hecha por ella misma con oropel y pegamento, en cada uno de nuestros regalos de Navidad. En la etiqueta, brillando ante nuestros ojos, había un recordatorio: "Juan 3:16". Ese versículo de la Biblia es quizás la expresión más concisa de la buena nueva sobre el nacimiento de Jesús: "Pues de tal manera amó Dios al mundo, que le dio a su hijo unigénito, para que todo aquél que crea en Él no se pierda y alcance la vida eterna."*

Mi madre quería recordarnos que la Navidad no sólo consiste en los regalos comprados en tiendas, sino sobre todo en el más precioso de todos: el amor de Dios encarnado en Jesucristo. Nos hacemos otros regalos para recordar ese regalo. El comercialismo y consumismo contemporáneos de la Navidad tienden a ocultar este aspecto central de la celebración.

Nadie sabe la fecha real del nacimiento de Jesús, aunque sabemos que nació hace unos 2,000 años. Los cristianos no comenzaron a celebrar la Navidad el 25 de diciembre hasta el año 336 d.C. en Roma. La mayor parte de las tradiciones navideñas provienen del Evangelio según San Lucas: la posada, el pesebre, los pastores, los ángeles. Pero se han entrelazado con otras provenientes del Evangelio según San Mateo: la de la estrella y los tres sabios, también conocidos como los Reyes Magos. Probablemente San Mateo quería dar a entender que la historia había sucedido algún tiempo después del nacimiento de Jesús (los Magos debieron tardar su tiempo en llegar a Belén siguiendo la estrella). Aunque la mayoría de nosotros combina ambas historias en un único acontecimiento, muchos cristianos, especialmente los de tradición ortodoxa oriental, dan gran importancia a la visita de los Reyes Magos, conmemorándola en la Epifanía (palabra griega que significa manifestación o aparición). Es en ese día y no en Navidad cuando los ortodoxos se hacen los regalos, pues fue en la Epifanía cuando los Magos presentaron a Jesús sus ofrendas de oro, incienso y mirra.

En la Epifanía, numerosos cristianos también conmemoran otras manifestaciones de Dios en Cristo: el bautismo de Jesús en el río Jordán y su primer milagro, la transformación del agua en vino durante una boda en Caná, Galilea. La Epifanía se celebra 12 días después de Navidad, de ahí el famoso principio del villancico inglés: "El primer día de Navidad/mi amor me regaló/una perdiz en un peral..." y así continúa hasta el duodécimo día. En tiempos de Shakespeare, la víspera de la Epifanía, la Duodécima Noche (que es también el título de una de sus obras) marcaba el final de las fiestas navideñas.

Aunque actualmente poca gente puede permitirse el lujo de alargar sus celebraciones navideñas durante doce días, nuestra cultura tiende a dividir la Navidad en dos fiestas diferentes. La primera es religiosa y se centra en la conmemoración del nacimiento de Jesús. En ella nos regocijamos al recordar el relato de un Dios que nos amó tanto que vino a morar entre nosotros, a vivir y morir como uno de nosotros para reconciliarnos con Dios, nuestro Padre. La segunda celebración navideña es secular y se centra en dar y recibir regalos. A esta última celebración está ligada toda la parafernalia propia de la época: Santa Claus, el árbol de Navidad y las decoraciones festivas desplegadas en jardines y vitrinas. Sin embargo, la Navidad concebida simplemente como una fiesta profana puede producirnos a muchos un sentimiento de vacío y soledad, especialmente al darnos cuenta de que las *cosas* nunca pueden sustituir a la *personas*, y de que sólo a través de las relaciones podemos descubrir el divino destello de amor del nacimiento de Cristo manifestándose en toda su gloria.

Esta Navidad, y todas las demás, les deseo a ti y a los tuyos todas las bendiciones. Quizás este libro enriquezca tu conocimiento de esta fiesta única y dé un nuevo sentido a tu manera de celebrarla.

Nathan Humphrey

Reverendo Nathan Humphrey es sacerdote de la parroquia de St. Paul, en K Street, la Diócesis Episcopal de Washington, D.C. Es graduado de Yale Divinity School y St. John's College, Annapolis, MD.

Para Julie

FOTOGRAFÍAS

Portada: © Phoebe Dunn/Stock Connection/ipnStock.com; Contraportada: © David Mercado/Corbis; Lomo: © Danilo Ducak/Shutterstock; 1: © Sayyid Azim/Associated Press; 2: © Lisa Romerein/Botanica/ Jupiter Images; 3 (arriba): © Katrina Brown/ Shutterstock; 3 (abajo): © Christopher Ewing/Shutterstock; 4-5: © Ira Block/NG Image Collection; 6-7: © Kevin Frayer/Associated Press; 8 (arriba): © Thomas Northcut/Getty Images; 8 (abajo): © Rafiq Maqbool/Associated Press; 9: © Felix Ordonez Ausin/Reuters/ Corbis; 10: © Fantuz Olimpio/eStock Photo; 11: © Jagadeesh Nv/ Reuters/Corbis; 12 (arriba): © Photodisc; 12 (abajo): © Frank Rumpenhorst/epa/Corbis; 13: © Tony Bock/Toronto Star/ZUMA Press; 14: © J. B. Grant/eStock Photo; 15: © Mary T. Naegele; 16 (arriba): © Brian Cahn/WpN; 16 (abajo): © Ryan Soderlin/Salina Journal/Associated Press; 17: © Lee Jin-man/Associated Press; 18-19: © Narendra Shrestha/EPA; 20 (arriba): © Color China Photo/ Associated Press; 20 (abajo): © Joel Sartore /NG Image Collection; 21: © Lucy Pemoni/Reuters/Corbis; 22 (arriba): © Kayte M. Deioma/PhotoEdit Inc.; 22 (abajo): © Albert Barr/Shutterstock; 23: © Ariel Skelley/Corbis; 24-25: © Tony Kurdzuk/The Star-Ledger/ Corbis; 27: © Carrie Pratt/Pool Photo/St. Petersburg Times/WpN; 28: © Elizabeth Watt Photography/ Stockfood; 29: © epa/Corbis.

Derechos del texto © 2008 Deborah Heiligman

Traducción al Español, Mariano López Carrillo

Datos de catalogación de la Biblioteca del Congreso

Heiligman, Deborah. [Celebrate Christmas. Spanish] Celebremos la Navidad : con villancicos, regalos y paz / by Deborah Heiligman.
    p. cm. -- (Fiestas del mundo)
Includes bibliographical references and index.
ISBN 978-1-4263-0453-8 (hardcover : alk. paper) 1. Christmas-- Juvenile literature. I. Title.
BV45.H42518 2008 263'.915--dc22
          2008028911

Impreso en los Estados Unidos de América

Portada: Un niño arrastra un árbol de Navidad recién cortado por un bosque nevado de Connecticut. *Contraportada:* Una niña en La Paz, Bolivia, observa las decoraciones de un nacimiento. *Página de título:* Una niña en Nairobi, Kenia, reza a la luz de las velas durante un servicio de Nochebuena.

National Geographic Society, fundada en el año 1888, es una de las mayores organizaciones científicas y educativas sin fines de lucro del mundo. Llega cada mes a más de 285 millones de personas de todo el mundo a través de su publicación oficial, NATIONAL GEOGRAPHIC, y sus otras cuatro revistas; el National Geographic Channel, documentales de televisión, programas de radio, largometrajes, libros, videos y DVDs, mapas y medios interactivos. National Geographic ha financiado más de 8,000 proyectos de investigación científica y apoya un programa educativo para reducir el analfabetismo geográfico.

Para obtener más información, llame al 1-800-NGS LINE (647-5463) o escriba a la siguiente dirección:

National Geographic Society
1145 17th Street N.W., Washington, D.C. 20036-4688 U.S.A.

Visítenos en Internet en www.nationalgeographic.com/books

Para obtener información sobre descuentos especiales en compras de gran volumen, comuniquese con National Geographic Books Special Sales: ngspecsales@ngs.org

Publicado por National Geographic Society.
John M. Fahey, Jr., *President and Chief Executive Officer*
Gilbert M. Grosvenor, *Chairman of the Board*
Tim T. Kelly, *President, Global Media Group*
John Q. Griffin, *President, Publishing*
Nina D. Hoffman, *Executive Vice President; President, Book Publishing Group*

EQUIPO DEL PROYECTO

Nancy Laties Feresten, *Vice President, Editor-in-Chief of Children's Books*
Bea Jackson, *Design and Illustrations Director, Children's Books*
Amy Shields, *Executive Editor, Children's Books*
Marfé Ferguson Delano, *Project Editor*
Lori Epstein, *Illustrations Editor*
Melissa Brown, *Project Designer*
Carl Mehler, *Director of Maps*
Priyanka Lamichhane, *Assistant Editor*
Rebecca Baines, *Release Editor*
Jennifer A. Thornton, *Managing Editor*
R. Gary Colbert, *Production Director*
Lewis R. Bassford, *Production Manager*
Maryclare Tracy, Nicole Elliott, *Manufacturing Managers*

Serie diseñada por 3+Co. y Jim Hiscott.
La tipografía del texto se realizó en Mrs. Eaves.
La tipografía de los pies de ilustración se realizó en Lisboa.

AGRADECIMIENTOS

Gracias al reverendo Nathan Humphrey por sus excelentes consejos en un momento especialmente ocupado (¡Bienvenida al mundo, pequeña Margaret!). Gracias a Pat Brisson por su inapreciable aportación y a Pamela Curtis Swallow por la receta del pastel y sus siempre bienvenidas intromisiones (aunque me gustaría destacar que este pastel de Navidad ha resultado ser también una muy querida tradición para la familia de Nathan Humphrey). A Marfé Ferguson Delano y Lori Epstein por sus habituales e incansables esfuerzos para hacer de este libro el mejor posible. Y a Becky Baines por su ayuda para terminarlo. A la cabeza del equipo, Nancy Feresten, merecedora del agradecimiento, el reconocimiento y unas vacaciones en cualquier isla tropical. Y por último, pero no menos importante, gracias a Julie Stockler, a quien va dedicado este libro, porque siempre puedo contar con su apoyo, consejos de moda, perspectiva y, sobre todo, con su humor. Julie, deseo que haya gente en todo el mundo que adopte tu tradición de los cuadernos de recuerdos. Ahora me retiro... ¡Felices Fiestas!